Ciao, bambini! Sono un sole di nome Polly, e sono qui per darvi il benvenuto nel mio mondo pieno di storie e giochi! Siete pronti a tuffarvi in quest'avventura insieme a me?

In questo libro magico, ho raccolto per voi tante storie affascinanti e piccoli giochi divertenti. Questi giochi sono pensati per farvi sorridere e farvi scoprire quanto sia bello comprendere le storie che leggete.

Quando vi immergerete nelle pagine di questo libro, incontrerete personaggi straordinari e viaggerete in luoghi lontani e fantastici. Dopo ogni storia, vi inviterò a giocare con me risolvendo piccoli indovinelli che vi aiuteranno a capire meglio quello che avete letto. Ma ricordate, si tratta solo di giochi, quindi divertitevi!

Mentre esplorate le avventure insieme a me, vi accorgerete che leggere e capire le storie è semplice e divertente. E chissà, forse scoprirete anche di avere una passione per la lettura!

Un abbraccio caldo e luminoso,

© 2025 - Edoardo Calabresi - Tutti i diritti riservati.

Nessuna parte di questo libro può essere riprodotta, archiviata in un sistema di recupero o trasmessa in qualsiasi forma o con qualsiasi mezzo, elettronico, meccanico, fotocopia, registrazione o altro, senza il permesso scritto dell'autore, salvo nei casi previsti dalla legge.

ISBN: 979-8-89965-611-8

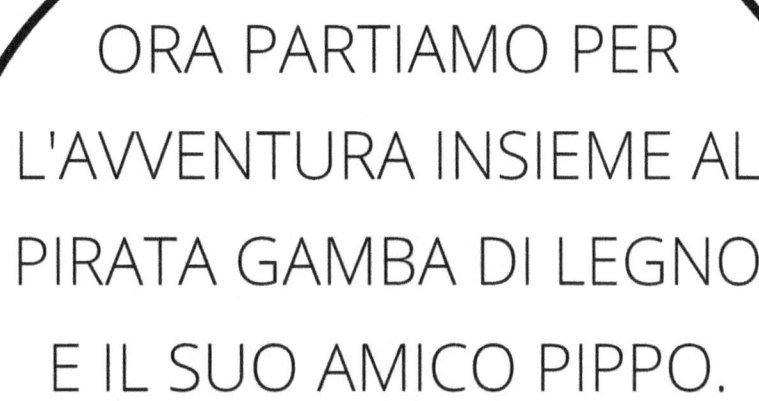

DIFFICOLTÀ ★

C'ERA UNA VOLTA UN VELIERO DI LEGNO MARRONE SCURO, CON VELE NERE E UN TESCHIO BIANCO E DUE BANDIERE, UNA GIALLA E UNA ROSSA. ERA LA CASA DI UN PIRATA DI NOME GAMBA DI LEGNO E DEL SUO PAPPAGALLO ARANCIONE DI NOME PIPPO.

UN GIORNO, MENTRE NAVIGAVANO, GAMBA DI LEGNO E PIPPO TROVARONO UNA MAPPA DEL TESORO. LA MAPPA MOSTRAVA UN'ISOLA CON UNA X ROSSA. DECISERO DI ANDARE A CERCARE IL TESORO.

COLORA L'ANIMALE GIUSTO, AMICO INSEPARABILE DEL PIRATA GAMBA DI LEGNO:

COLORA IN BASE ALLA STORIA:

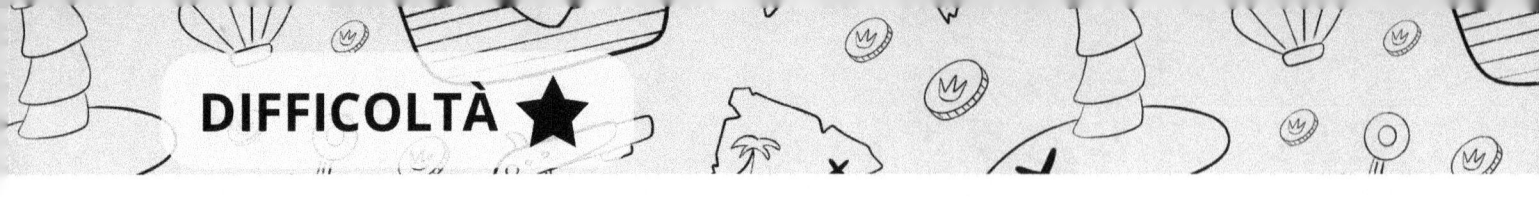

DIFFICOLTÀ ★

GAMBA DI LEGNO AVEVA UN OCCHIO NASCOSTO DA UNA BENDA NERA, UN CAPPELLO ROSSO IN TESTA, UNO STIVALE VIOLA E DEI BAFFI GRIGI. SULLA SUA SPALLA VIVEVA IL FEDELE PIPPO. INSIEME, ERANO UNA GRANDE SQUADRA.

QUANDO ARRIVARONO ALL'ISOLA, SCAVARONO DOVE ERA DISEGNATA LA X. TROVARONO UN GRANDE BAULE VERDE PIENO D'ORO E GIOIELLI. GAMBA DI LEGNO E PIPPO ERANO MOLTO FELICI.

RITORNARONO SUL LORO VELIERO E CONTINUARONO LA LORO AVVENTURA. GAMBA DI LEGNO E PIPPO CONDIVISERO IL TESORO CON I LORO AMICI PIRATI, E VISSERO TUTTI FELICI E CONTENTI.

VERO O FALSO?

	V	F
PIPPO SI TENNE IL TESORO TUTTO PER SE.	☐	☐
IL PIRATA GAMBA DI LEGNO AVEVA DUE GAMBE DI LEGNO.	☐	☐
PER TROVARE IL TESORO SCAVARONO DOVE ERA DISEGNATA LA X.	☐	☐
LA CASA DI GAMBA DI LEGNO È UN CAMPER.	☐	☐

IL PIRATA

COLORA IN BASE ALLA STORIA:

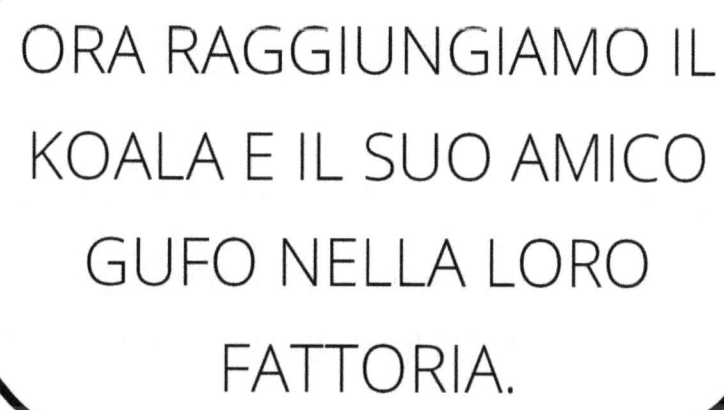

DIFFICOLTÀ ★

C'ERA UNA VOLTA UNA FATTORIA PIENA DI ANIMALI. IN QUESTA FATTORIA, VIVEVANO UN GUFO E UN KOALA. IL KOALA AVEVA UNA PELLICCIA CORTA E MORBIDA DI COLORE GRIGIO E LA PANCIA BIANCA, IL NASO NERO E L'INTERNO DELLE ORECCHIE ROSA. MANGIAVA SEMPRE DELLE SUCCULENTI FOGLIE VERDI.

UN GIORNO, IL GUFO, CHE ERA MOLTO SAGGIO, DECISE DI INSEGNARE AL KOALA COME TROVARE LE FOGLIE PIÙ GUSTOSE DELL'ALBERO DI EUCALIPTO. IL KOALA ERA FELICE DI IMPARARE DAL GUFO.

COLORA IL RIQUADRO CON SCRITTO IL NOME DELLA PIANTA CHE DEVONO TROVARE KOALA E GUFO:

CILIEGIO	EUCALIPTO
EDERA	ERICA

GLI ANIMALI

COLORA IN BASE ALLA STORIA:

DIFFICOLTÀ ⭐

INSIEME, IL GUFO E IL KOALA VOLARONO E ARRAMPICARONO SUGLI ALBERI DELLA FATTORIA. PASSARONO DEL TEMPO A OSSERVARE LE FOGLIE E A CERCARE LE MIGLIORI.

LL GUFO AVEVA LA CODA E LE ALI DI COLORE MARRONE, LA PANCIA GRIGIA, LA FACCIA BIANCA E LE ZAMPE NERE.

INFINE, IL GUFO TROVÒ UN RAMO PIENO DI FOGLIE VERDI E FRESCHE. L'ALBERO AVEVA UNA FORMA STRANA CHE RICORDAVA UN GELATO. IL KOALA ASSAGGIÒ LE FOGLIE E SCOPRI CHE ERANO LE PIÙ DELIZIOSE CHE AVESSE MAI MANGIATO.

DA QUEL GIORNO, IL GUFO E IL KOALA DIVENNERO GRANDI AMICI NELLA FATTORIA. CONDIVISERO LA LORO CONOSCENZA CON GLI ALTRI ANIMALI E VISSERO TUTTI INSIEME FELICI E CONTENTI.

CERCHIA L'IMMAGINE, CHE RAPPRESENTA LA FORMA DELL'ALBERO:

GLI ANIMALI

COLORA IN BASE ALLA STORIA:

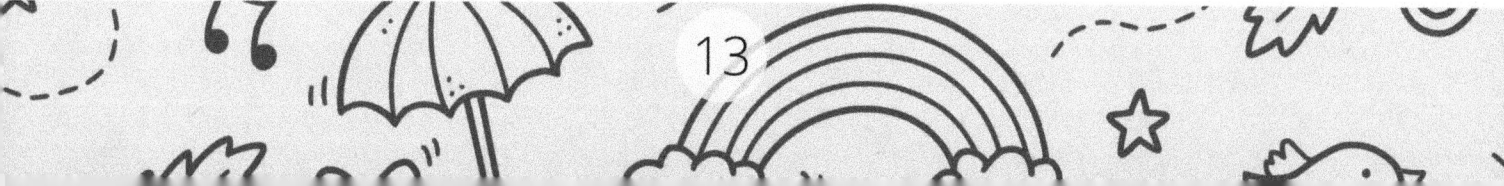

Ora che ci hai preso la mano aumentiamo la difficoltà e leggiamo in stampato minuscolo.

Ora partiamo per l'avventura insieme a Marco e la sua navicella spaziale.

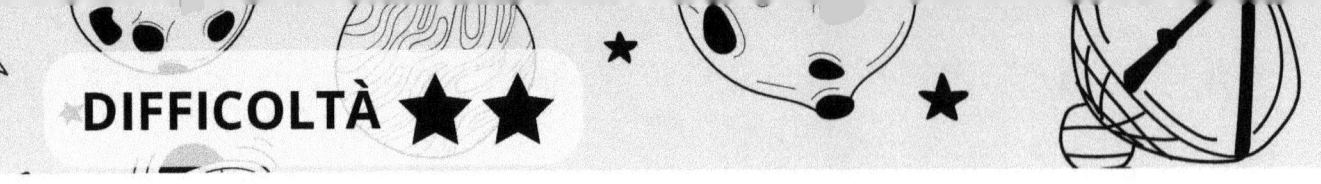

C'era una volta un coraggioso astronauta di nome Marco. Marco voleva esplorare un altro pianeta per vedere se c'era vita al di fuori della Terra. Così, un giorno, salì a bordo della sua navicella spaziale e partì per la sua avventura.

La navicella spaziale era grande e colorata.

Il suo corpo era blu, la punta dell'astronave era rossa e le ali erano arancioni. Sembrava pronta a volare nello spazio e ad esplorare mondi lontani.

Cerchia il protagonista della nostra storia:

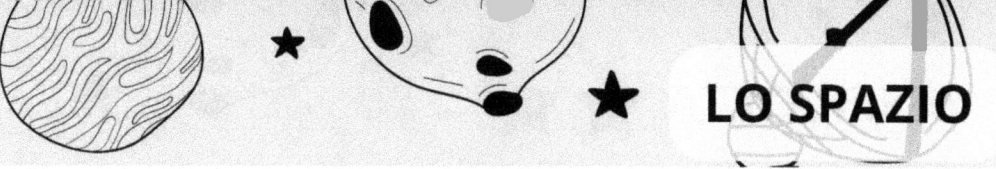

LO SPAZIO

Colora in base alla storia:

DIFFICOLTÀ ★★

Dopo un lungo viaggio, Marco atterrò sul nuovo pianeta e uscì dalla sua navicella spaziale. Il pianeta era molto diverso dalla Terra: il cielo era verde, il terreno era viola e c'erano delle stelle arancioni.

Marco indossava una tuta spaziale blu e grigia, con le maniche gialle e i pantaloni azzurri.

Sulle mani Marco aveva dei guanti neri con delle dita rinforzate, mentre sui piedi portava degli stivali rossi.

La maschera del casco era trasparente e permetteva a Marco di vedere l'esterno dello spazio, mentre il casco stesso era marrone.

La tuta spaziale sembrava pronta ad affrontare qualsiasi sfida nello spazio e a proteggere Marco dalle intemperie cosmiche.

LO SPAZIO

Colora in base alla storia:

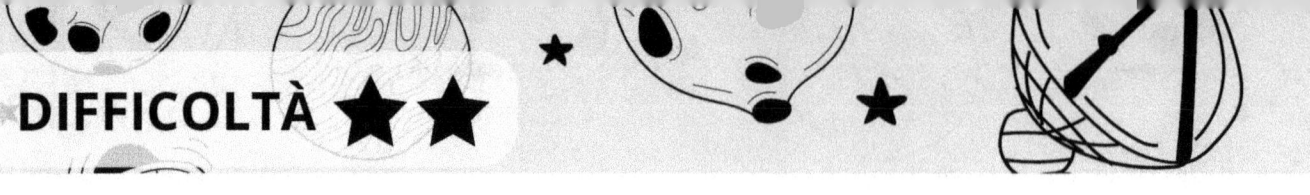

DIFFICOLTÀ ⭐ ⭐

Marco prese dalla navicella la sua bicicletta e pedalò per un po'. Notò che c'era una strana creatura che si avvicinava. Era un animale con: un occhio, due corna e 4 tentacoli. La creatura sembrava amichevole, così Marco decise di avvicinarsi.

Marco si fermò a parlare con la creatura e poi continuò il suo viaggio. Mentre pedalava, incontrò un altro animale, questa volta indossava una tuta di colore viola e la sua pelle era verde.

Colora il mezzo di trasporto che usa Marco per spostarsi sul pianeta:

Cerchia il primo alieno che incontra Marco:

Colora il secondo alieno che incontra Marco, con i colori giusti:

DIFFICOLTÀ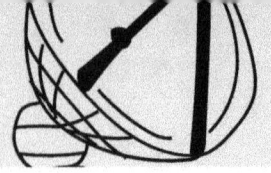

Alla fine, Marco tornò sulla sua navicella spaziale e si rese conto che era salito a bordo un simpatico procione spaziale. Il piccolo animale lo stava aspettando fuori dalla navicella, indossando una tuta spaziale colorata di rosa con delle tasche azzurre.

Poi, insieme, Marco e il procione si prepararono a riprendere il viaggio nello spazio, pronti per nuove avventure.

Colora il riquadro con scritto l'animaletto spaziale che, insieme a Marco, parte per nuove avventure:

CANE	GATTO

PROCIONE	TOPO

Colora in base alla storia:

DIFFICOLTÀ

Prova a riordinare le sequenze della storia. Metti i numeri da 1 a 4 nei riquadri vicino all'immagine:

Marco esplora il pianeta con la sua bicicletta.

Marco fa i suoi primi passi sul pianeta.

Marco e l'amico partono per nuove avventure.

Marco incontra il procione.

LO SPAZIO

Questo sfondo è tutto per te: immagina e disegna la nuova avventura di Marco.

Allora, ti è piaciuto questo viaggio nello spazio? Ora racconta questa storia alla Mamma o al Papà, saranno sicuramente felici di ascoltarla.

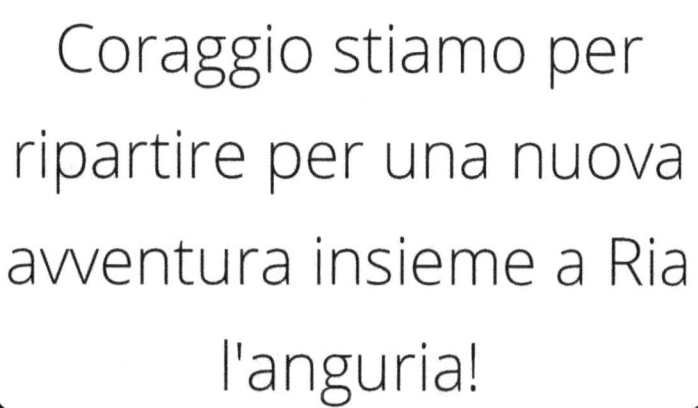

DIFFICOLTÀ ★★

Ria l'anguria era entusiasta: finalmente era arrivata l'estate e aveva pianificato una vacanza al mare! Era pronta per partire per una settimana di campeggio.

Una volta arrivati al campeggio, Ria si accampò vicino alla spiaggia. La tenda era arancione, l'erba verde, il mare blu e le montagne in lontananza marroni.

Il cielo era di un bellissimo azzurro, con qualche nuvola bianca ed un sole giallo. Rina andò subito a fare il bagno e dopo, appese il suo costume ad asciugare. Dei pantaloncini viola e una canottiera rossa.

Cerchia la protagonista della nostra storia:

IN VACANZA

Colora in base alla storia:

DIFFICOLTÀ ★★

Il mattino seguente, Ria decise di fare un giro in barca. Era un po' spaventata all'idea di andare sola in barca, ma alla fine decise di provarci.

Mentre si allontanava dalla costa, Ria iniziò a sentire la brezza marina sulla pelle e a guardare l'acqua limpida e cristallina. Si sentiva al sicuro e tranquilla sulla barca. Non aveva mai visto il mare così bello. C'era un mondo intero da scoprire e Ria era pronta ad esplorarlo.

Dopo un po', Ria avvistò una spiaggia nascosta e deserta. Decise di avvicinarsi per vedere meglio. Si avvicinò alla costa con la barca e scese a riva. La sabbia era morbida e il mare era pulito e trasparente. Era il posto perfetto per prendere il sole.

Aprì il suo ombrellone arancione sulla spiaggia oro e srotolò il suo asciugamano a righe verdi e blu.

Sotto al sole la sua buccia era di un bellissimo verde e la sua polpa di un succoso rosso. Si mise i suoi occhiali preferiti con la montatura argento e si rilassò.

IN VACANZA

Colora in base alla storia:

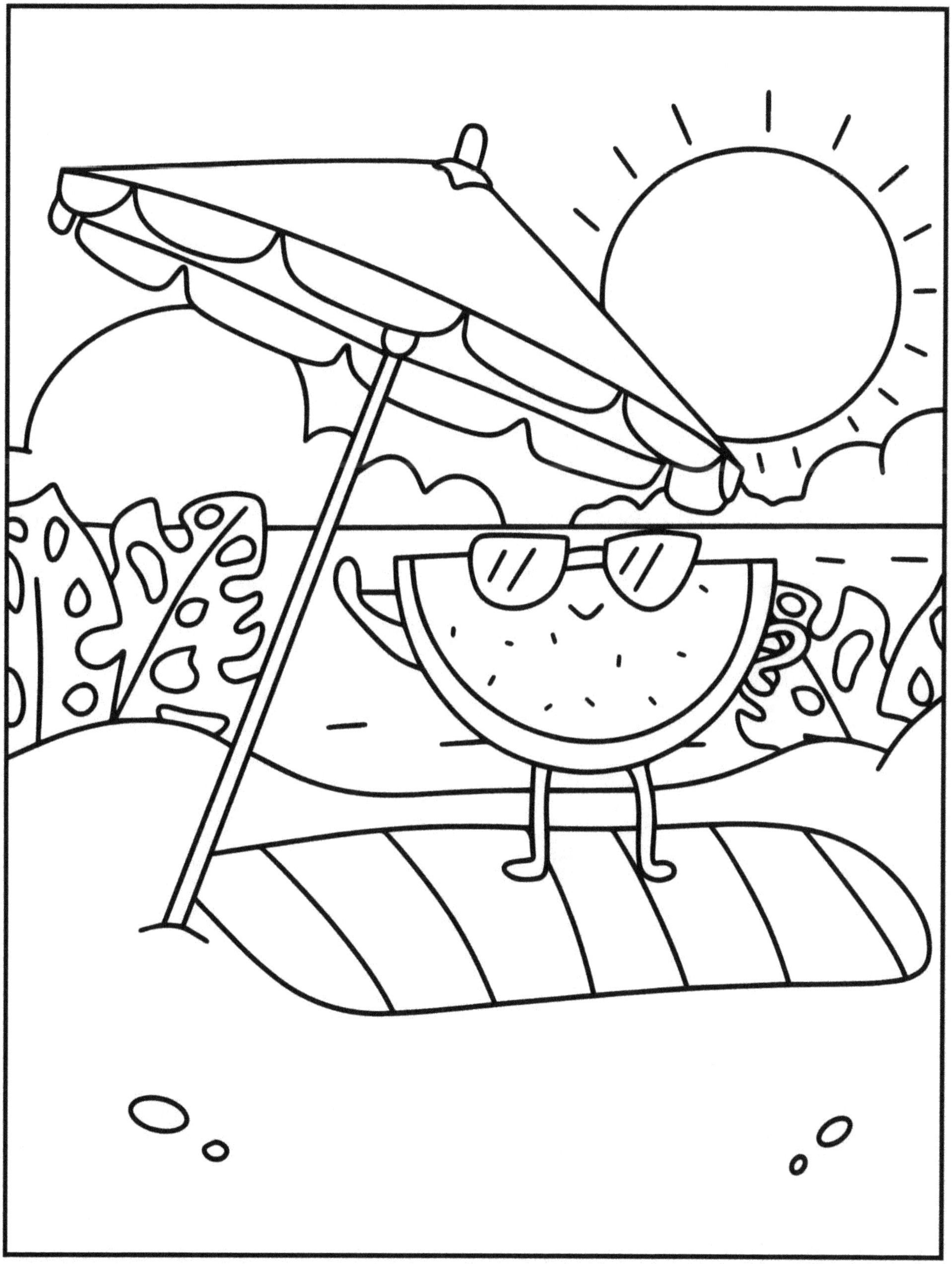

DIFFICOLTÀ ★★

Il giorno successivo, Ria decise di fare una passeggiata sulla costa per esplorare ulteriormente la bellezza del mare. Mentre camminava notò un grosso granchio rosso di nome Zanchio che si divertiva a scavare nella sabbia. Decise di avvicinarsi e notò che il granchio stava cercando di costruire un piccolo castello di sabbia con secchiello e paletta. Ria sorrise e cominciò a giocare con lui. Zanchio aveva una chela gialla e una chela azzurra.

Dopo aver finito il castello, il granchio salutò Ria con un piccolo scatto delle sue tenaglie, poi scomparve dietro una grande roccia. Ria sorrise, felice di aver fatto un nuovo amico durante la sua vacanza al mare. Continuò la sua passeggiata sulla costa, sognando nuove avventure da scoprire.

Cerchia, cosa costruisce Ria con Zanchio:

IN VACANZA

Colora gli oggetti che usano Ria e Zanchio per costruire il castello di sabbia:

Colora Zanchio il granchio, con i colori giusti:

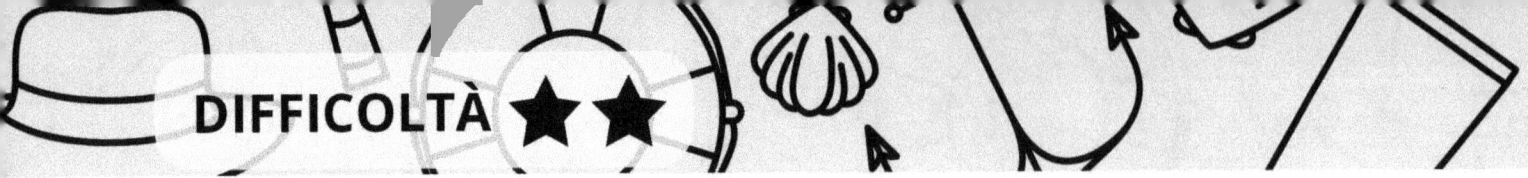

DIFFICOLTÀ ★★

Alla fine della settimana, era giunto il momento di tornare a casa.

Decise di fare un ultimo bagno prima di partire e si divertì a nuotare con la sua ciambella rosa a forma di fenicottero con il becco nero. Le palme erano verdi con un bel tronco marrone.

Ria era un po' triste di dover lasciare il campeggio, ma sapeva che avrebbe conservato per sempre quei ricordi speciali della sua vacanza al mare.

Colora il riquadro con scritto il nome dell'animale che raffigura la ciambella di Ria:

PINGUINO	FENICOTTERO
AQUILA	STRUZZO

IN VACANZA

Colora in base alla storia:

DIFFICOLTÀ ★★

Prova a riordinare le sequenze della storia. Metti i numeri da 1 a 4 nei riquadri vicino all'immagine:

Ria gioca con la sabbia insieme a Zanchio.

Ria parte per la sua vacanza al mare.

Ria fa il bagno con la sua ciambella.

Ria fa un giro in barca.

IN VACANZA

Questo sfondo è tutto per te: immagina e disegna la nuova vacanza di Ria.

Ti è piaciuta questa vacanza al mare insieme a Ria? Racconta questa storia alla Mamma o al Papà, saranno sicuramente felici di ascoltarla.

DIFFICOLTÀ ★★★

C'era una volta una fattoria con tanti animali diversi che vivevano insieme in armonia. C'era un cavallo nero, una mucca bianca e nera, una gallina rossa e con le zampe ed il becco arancioni, un cane marrone, un asino grigio, un coniglio bianco, una capra marrone e un maiale rosa. Ogni animale aveva il suo ruolo nella fattoria e tutti erano molto felici di lavorare insieme.

Il cavallo si occupava di tirare il carro per trasportare il fieno e gli attrezzi necessari per la coltivazione del terreno. La mucca forniva il latte che veniva trasformato in burro e formaggio. La gallina deponeva le uova che la padrona di casa usava per fare delle deliziose torte, dormiva nel pollaio azzurro con il tetto verde. Il cane era molto attento e sorvegliava la fattoria dagli animali selvatici.

Cerchia l'animale che NON c'entra con la storia:

Colora in base alla storia:

L'asino, invece, era molto pigro e spesso si rifiutava di lavorare. Un giorno, però, si rese conto che tutti gli altri animali facevano la loro parte e si impegnò a fare di più. Il coniglio, invece, era molto veloce e saltellava felice tra i campi, mentre la capra curiosa esplorava ogni angolo della fattoria.

La fattoria era un luogo molto grande e accogliente, circondata da campi verdi e con un recinto giallo. Il cielo era sempre azzurro e le nuvole bianche, le foglie degli alberi di un bel verde scuro e il tronco marrone.

Il maiale, invece, era il re del fango. Amava rotolarsi nella terra e nel fango, e quando il sole era troppo caldo si rinfrescava nella pozza d'acqua della fattoria.

Gli animali si divertivano anche insieme. Il cane insegnava ai piccoli come scovare i topi, mentre la gallina organizzava feste con le sue uova colorate. Un giorno, il coniglio decise di costruire un grande castello di paglia, e tutti gli animali si unirono per aiutarlo.

Colora in base alla storia:

43

DIFFICOLTÀ ★★★

Un giorno, la fattoria fu colpita da una tempesta e tutti gli animali furono spaventati. Ma grazie al lavoro di squadra, ciascuno dei nostri amici trovò il coraggio di fare la sua parte per riparare i danni causati dal vento e dalla pioggia.

L'asino si impegnò a portare la legna per il fuoco, la mucca aiutò a riparare la recinzione e il coniglio scoprì un nascondiglio sicuro per tutti gli animali durante la tempesta. La capra, invece, portò le sue conoscenze sulle piante per trovare un fiore curativo con i petali viola e le foglie azzurre, per gli animali feriti, mentre il cavallo dimostrò la sua forza spostando i tronchi caduti.

Colora il riquadro con scritto il nome di cosa causò la distruzione della fattoria:

GRANDINE	URAGANO
TEMPESTA	SOLE

IN FATTORIA

Colora l'animale che aiutò a riparare la recinzione:

Colora il fiore curativo, con i colori giusti:

DIFFICOLTÀ ★★★

Dopo la tempesta, tutti gli animali furono felici di vedere la loro fattoria tornata alla normalità. Con il muro rosso, il portone verde e il tetto nero. Si accorsero che anche loro erano diventati più forti e coraggiosi grazie all'aiuto reciproco e alla collaborazione.

Da quel giorno, l'asino si impegnò di più, il coniglio saltellava ancora più felice e la capra condivideva la sua conoscenza con tutti gli animali della fattoria. E così, la fattoria divenne un luogo ancora più accogliente e felice grazie al lavoro di squadra degli animali che vi abitavano.

Cerchia dove abitano gli animali di questa storia:

Colora in base alla storia:

IN FATTORIA

DIFFICOLTÀ ★★★

Prova a riordinare le sequenze della storia. Metti i numeri da 1 a 4 nei riquadri vicino all'immagine:

L'asino pigro non vuole lavorare.

La fattoria viene colpita da una tempesta.

La capra medica gli animali feriti.

Tutti gli animali aiutano a ricostruire la fattoria.

Questo sfondo è tutto per te: immagina e disegna una nuova avventura dei nostri amici della fattoria.

E anche questa avventura è giunta al termine.

DIFFICOLTÀ ★★★

C'era una volta un piccolo cavalluccio marino di nome Milo. Milo adorava nuotare e danzare tra le alghe del grande oceano, ma un giorno decise di esplorarne le profondità, dove non era mai stato prima.

Mentre nuotava, Milo incontrò 2 stranieri: Rosy e Scheggia. Rosy era un pesce giallo con le pinne arancioni, Scheggia era una tartaruga con il corpo verde chiaro, il carapace verde scuro e delle piccole macchie rosse. I due amici chiesero a Milo dove stesse andando e lui rispose che voleva esplorare l'oceano. Rosy e Scheggia decisero di unirsi a lui nell'avventura.

Cerchia la protagonista della nostra storia:

AL MARE

Colora in base alla storia:

DIFFICOLTÀ ★★★

Così, Milo, Rosy e Scheggia continuarono a nuotare insieme verso le profondità dell'oceano. Passarono accanto a coralli colorati, banchi di pesci luccicanti e alghe danzanti. Più si addentravano nel mondo sottomarino, più meraviglie scoprivano.

Ad un certo punto, il gruppo di amici si imbatté in un vecchio relitto di una nave, mezzo sepolto nella sabbia. Decisero di esplorarlo e, mentre nuotavano tra i resti della nave, trovarono una mappa. La mappa raffigurava un percorso che conduceva a un tesoro nascosto.

"Ehi, guardate questo!" esclamò Milo, mostrando la mappa ai suoi amici. "Potrebbe portarci a un tesoro!"

I tre amici decisero di seguire la mappa e, dopo aver superato un corallo rosso, due alghe verdi e una stella marina arancione, arrivarono infine a una grotta nascosta.

Rosy, il pesce giallo, fu la prima ad entrare nella grotta e notò subito qualcosa di straordinario: un enorme scrigno del tesoro di colore blu, pieno di monete d'oro, perle e pietre preziose. I tre amici non potevano credere ai loro occhi.

AL MARE

Colora in base alla storia:

DIFFICOLTÀ ★★★

Proprio in quel momento, una balena di nome Berta fece la sua comparsa. Berta era molto gentile e conosceva tutti gli abitanti dell'oceano. La balena, con il corpo blu, la pancia grigia e i denti bianchi, sorrise ai tre avventurieri e disse: "Complimenti, avete trovato il tesoro perduto dell'oceano! Ma ricordate, il vero tesoro sono le amicizie che avete stretto lungo il cammino."

Milo, Rosy e Scheggia capirono che Berta aveva ragione. Avevano vissuto un'avventura indimenticabile e si erano divertiti insieme. Decisero di lasciare il tesoro nella grotta, per permettere ad altri di scoprirlo e vivere la stessa emozione.

Cerchia, dove era nascosta la mappa per il tesoro:

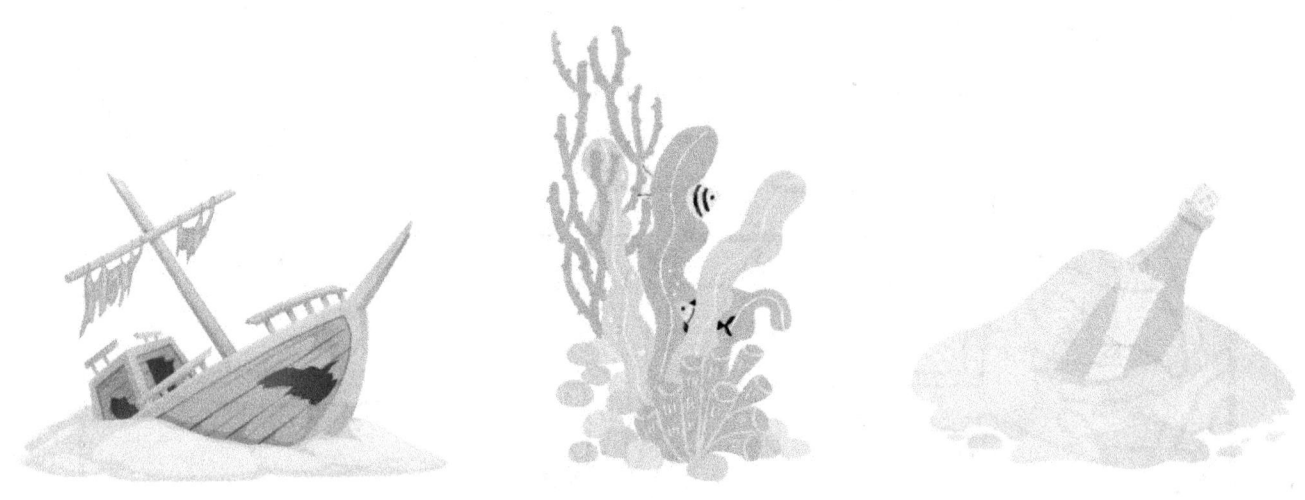

AL MARE

Vero o falso?

	V	F
Berta è un'orca.	☐	☐
I tre amici decidono di lasciare il tesoro nella grotta.	☐	☐
Il tesoro era su una nave pirata.	☐	☐
Milo è un cavalluccio marino.	☐	☐

Colora Berta la balena, con i colori giusti:

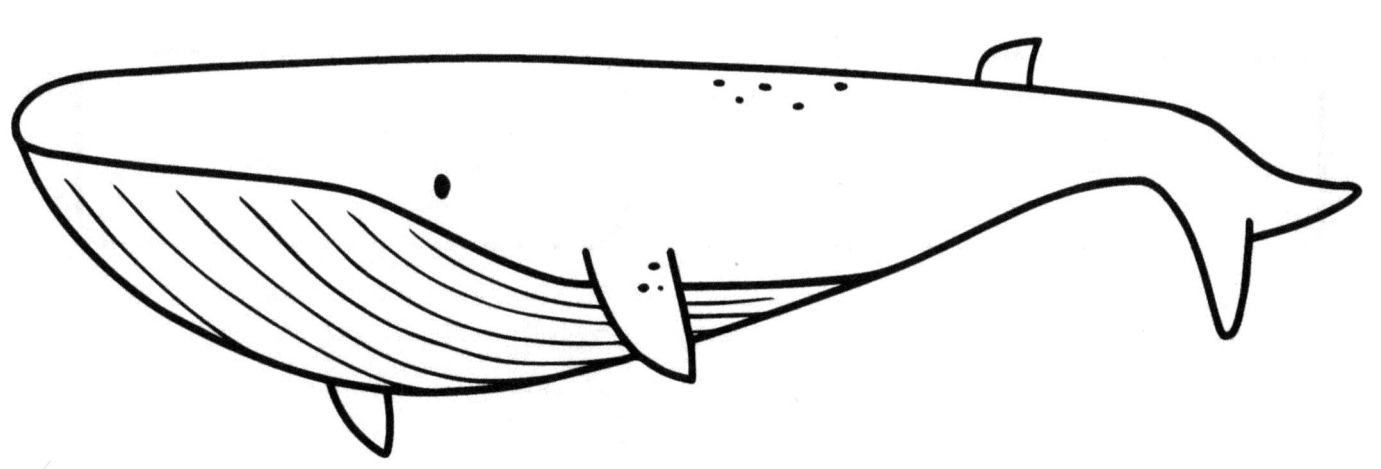

DIFFICOLTÀ ★★★

La notizia del tesoro e dell'avventura di Milo, Rosy e Scheggia si diffuse rapidamente tra gli abitanti dell'oceano. Dappertutto si parlava di loro e della loro amicizia. Presto, altri abitanti dell'oceano si unirono al gruppo, desiderosi di vivere le loro avventure. Tra questi c'era una medusa di nome Raffy, con il corpo rosa e i tentacoli viola, che aveva sempre sognato di esplorare le profondità marine.

Insieme, i quattro amici continuarono a vivere nuove avventure, esplorando angoli sempre più remoti dell'oceano. Scoprirono tesori nascosti, conobbero creature sorprendenti e si aiutarono a vicenda nei momenti di difficoltà.

Colora il riquadro con scritto il nome dell'animale che raffigura Raffy:

RAZZA

PESCE ROSSO

CALAMARO

MEDUSA

AL MARE

Colora in base alla storia:

DIFFICOLTÀ ★★★

Prova a riordinare le sequenze della storia. Metti i numeri da 1 a 4 nei riquadri vicino all'immagine:

Milo incontra Rosy e Scheggia.

La balena gli spiega il valore dell'amicizia

Raccontano a tutti la loro avventura.

Milo vuole esplorare l'oceano.

AL MARE

Questo sfondo è tutto per te: immagina e disegna le nuove avventure di Milo, Rosy e Scheggia.

> Allora, ti è piaciuto questo viaggio nell'oceano? Ora racconta questa storia alla Mamma o al Papà, saranno sicuramente felici di ascoltarla.

DIFFICOLTÀ ★★★★

C'era una volta, in un fitto e rigoglioso bosco, una giovane volpe di nome Vivi. Vivi era curiosa e vivace, sempre pronta a esplorare ogni angolo del bosco. Un giorno, mentre correva tra gli alberi, Vivi incontrò un'altra volpe di nome Rocco.

Rocco era un po' più grande di Vivi, con le zampette e la punta della coda bianche, la pancia gialla, il corpo arancione e il naso nero. Conosceva molte cose sul bosco. I due divennero amici in breve tempo e iniziarono a esplorare il bosco insieme. Un giorno, mentre si addentravano in una parte del bosco che non avevano mai visitato prima, Vivi e Rocco scoprirono una creatura sorprendente: una giraffa di nome Gina.

Cerchia la protagonista della nostra storia:

LA VOLPE

Colora in base alla storia:

DIFFICOLTÀ ★★★★

Gina era un po' persa, poiché si era allontanata dalla sua famiglia durante un viaggio. Vivi e Rocco decisero di aiutarla a ritrovare la sua famiglia e insieme, i tre amici intrapresero un'avventura attraverso il bosco.

Durante il loro viaggio, Vivi, Rocco e Gina incontrarono molte altre creature del bosco. Ogni animale che incontravano raccontava la sua storia e condivideva con loro consigli e indicazioni per aiutare Gina a ritrovare la sua famiglia. Come Betta la scimmietta che aveva il corpo marrone e la pancia beige e le piaceva saltare tra un albero e l'altro con le liane verdi.

Man mano che i tre amici proseguivano nel loro viaggio, imparavano sempre di più sul bosco e sulle creature che lo abitavano. Vivi e Rocco, in particolare, scoprirono che il bosco era molto più grande e ricco di sorprese di quanto avessero mai immaginato.

Dopo molti giorni di avventure e scoperte, Vivi, Rocco e Gina arrivarono finalmente alla radura dove viveva la famiglia di Gina. La giraffa era felicissima di essere tornata a casa e di rivedere i suoi cari.

LA VOLPE

Colora in base alla storia:

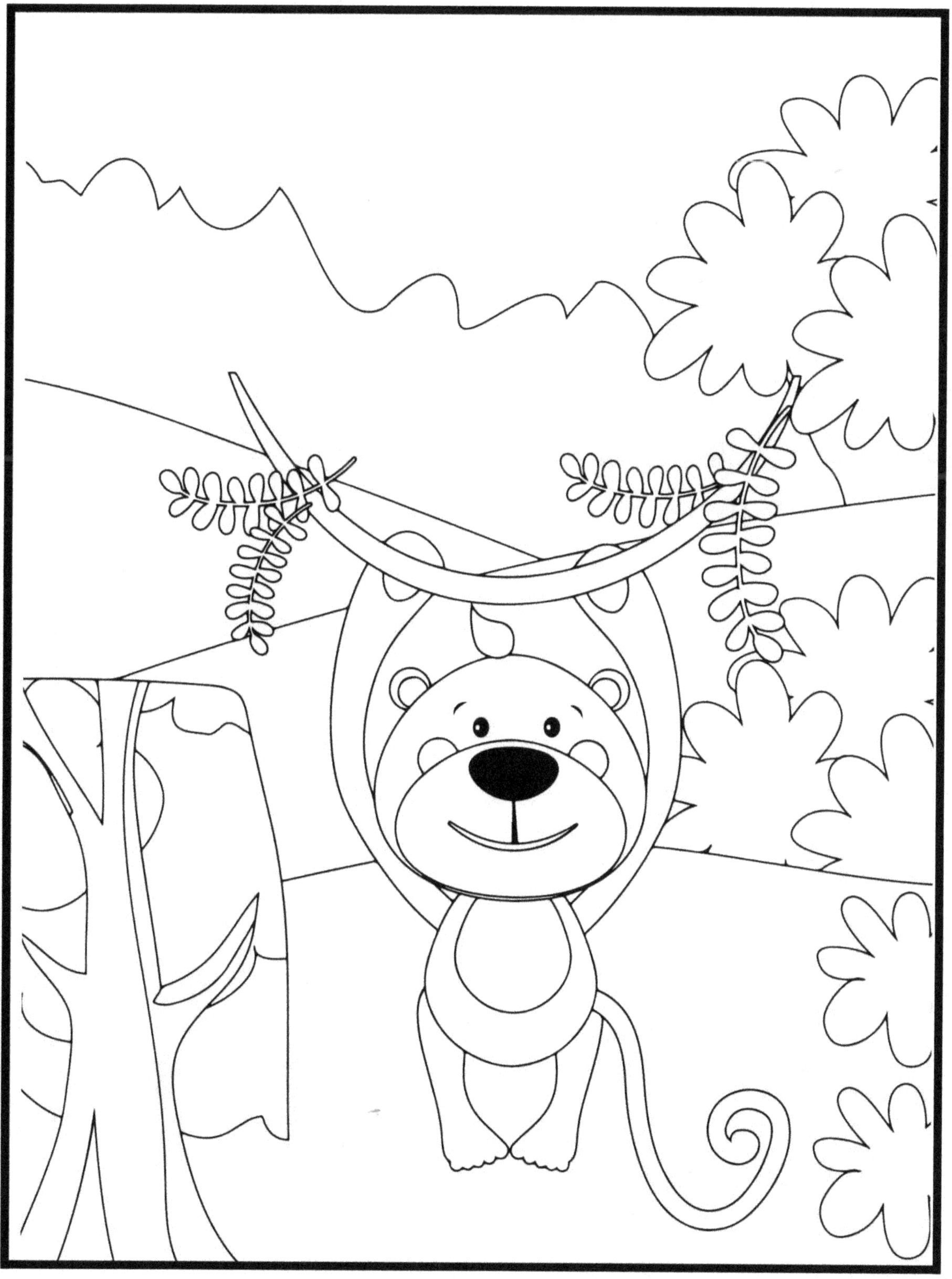

DIFFICOLTÀ ★★★★

Gina ringraziò Vivi e Rocco per averla aiutata e, prima di salutarli, fece loro una promessa: avrebbe visitato il bosco ogni anno per trascorrere del tempo con i suoi nuovi amici.

Un anno dopo decisero di esplorare il deserto vicino alla foresta. Mentre camminavano attraverso le dune di sabbia, incontrarono un leone, con la criniera rossa, il muso arancione e le zampe gialle, che sembrava aver perso la strada. Inizialmente impauriti, i tre amici decisero di avvicinarsi lentamente per aiutarlo. Con coraggio, si offrirono di aiutare il leone e insieme attraversarono il deserto. Dopo alcune ore di cammino, il leone riuscì a individuare il proprio branco e, per ringraziare i tre amici per il loro aiuto, gli regalò ad ognuno una pietra preziosa a forma di stella.

Cerchia, cosa decidono di esplorare un anno dopo:

LA VOLPE

Colora la forma della pietra che il Leone regala ai tre amici:

Colora il leone, con i colori giusti:

DIFFICOLTÀ ★★★★

Le loro storie e le avventure che vivevano insieme divennero leggendarie tra gli abitanti del bosco. Gli animali di ogni specie impararono l'importanza dell'amicizia e della collaborazione, grazie all'esempio di Vivi, la volpe tutta arancione, Rocco e Gina che era marrone e gialla.

E così, i tre amici continuarono a esplorare il bosco, condividendo la loro amicizia e le loro scoperte con tutti gli abitanti del magico mondo in cui vivevano. E vissero tutti felici e contenti.

Colora il riquadro con scritto il nome dell'ambiente in cui vivono Gina e Rocco:

LAGUNA	DESERTO
FORESTA	CITTÀ

LA VOLPE

Colora in base alla storia:

DIFFICOLTÀ ★★★★

Prova a riordinare le sequenze della storia. Metti i numeri da 1 a 4 nei riquadri vicino all'immagine:

I tre amici esplorano il deserto.

Vivi incontra Rocco.

Vivi incontra Gina.

I tre amici incontrano il Leone.

LA VOLPE

Questo sfondo è tutto per te: immagina e disegna le nuove avventure di Vivi, Rocco e Gina.

Cari bambini, è stato un vero piacere condividere con voi le storie del mio mondo pieno di avventure e divertimento. Spero che abbiate apprezzato le storie e che i giochi abbiano reso la lettura ancora più interessante e coinvolgente.

Vi ringrazio per essere stati con me in quest'avventura e spero che abbiate imparato quanto sia bello leggere e capire le storie. Ricordate sempre che la lettura è un tesoro prezioso che vi accompagnerà per tutta la vita.

Continuate a esplorare il mondo della lettura e non dimenticate mai di giocare e divertirvi, anche quando leggete. Vi mando un abbraccio caldo e luminoso, con la speranza di rivedervi presto nelle pagine di nuove storie. Alla prossima avventura!

GRAZIE DI CUORE PER AVER SCELTO IL MIO LIBRO "**MAMMA GIOCHIAMO A LEGGERE!**"
PER AIUTARE IL TUO BAMBINO A MIGLIORARE NELLA LETTURA ATTRAVERSO IL GIOCO.
SPERO CHE TU ABBIA TROVATO IL LIBRO UTILE E DIVERTENTE.
TI CHIEDO GENTILMENTE DI LASCIARE UNA RECENSIONE CON

PER AIUTARE ALTRI GENITORI A SCOPRIRE QUESTO LIBRO FANTASTICO E INNOVATIVO.

GRAZIE ANCORA E BUONA LETTURA!

www.ingramcontent.com/pod-product-compliance
Lightning Source LLC
Chambersburg PA
CBHW081501040426
42446CB00016B/3341